Rodolphe ROUSSEAU
AVOCAT A LA COUR
EN CHEF DE LA "GAZETTE DES SOCIÉTÉS ET DU DROIT FINANCIER"

Sociétés anonymes
Assemblées générales extraordinaires

COMMENTAIRE
DE LA LOI DU 22 NOVEMBRE 1913
portant modification à l'article 34
du Code de Commerce et aux articles 27 et 31
de la loi du 24 juillet 1867

(Extrait de la *Gazette des Sociétés et du Droit Financier* (1er déc. 1913)

PARIS
LIBRAIRIE NOUVELLE DE DROIT ET DE JURISPRUDENCE
ARTHUR ROUSSEAU, ÉDITEUR
14, RUE SOUFFLOT ET RUE TOULLIER, 13
—
1913

1 fr. 50

Rodolphe ROUSSEAU
AVOCAT A LA COUR
RÉDACTEUR EN CHEF DE LA "GAZETTE DES SOCIÉTÉS ET DU DROIT FINANCIER"

Sociétés anonymes
Assemblées générales extraordinaires

COMMENTAIRE
DE LA LOI DU 22 NOVEMBRE 1913

portant modification à l'article 34
du Code de Commerce et aux articles 27 et 31
de la loi du 24 juillet 1867

(Extrait de la *Gazette des Sociétés et du Droit Financier* (1er déc. 1913)

PARIS
LIBRAIRIE NOUVELLE DE DROIT ET DE JURISPRUDENCE
ARTHUR ROUSSEAU, ÉDITEUR
14, RUE SOUFFLOT ET RUE TOULLIER, 13

1913

COMMENTAIRE

DE LA

LOI DU 22 NOVEMBRE 1913

La loi portant modification de l'article 34 du Code de commerce et des articles 27 et 31 de la loi du 24 juillet 1867 sur les sociétés par actions a été promulguée au *Journal officiel* du 23 novembre. Cette loi porte la date du 22 novembre.

En voici le texte :

Le Sénat et la Chambre des députés ont adopté,

Le Président de la République promulgue la loi dont la teneur suit :

Art. 1er. — L'article 31 de la loi du 24 juillet 1867 est remplacé par les dispositions suivantes :

« *Art.* 31. — Sauf dispositions contraires des statuts, l'assemblée générale, délibérant comme il est dit ci-après, peut modifier les statuts dans toutes leurs dispositions. Elle ne peut toutefois changer la nationalité de la société ni augmenter les engagements des actionnaires.

« Nonobstant toute clause contraire de l'acte de société, dans les assemblées générales qui ont à délibérer sur les modifications aux statuts, tout actionnaire, quel que soit le nombre des actions dont il est porteur,, peut prendre part aux délibérations avec un nombre de voix égal aux actions qu'il possède, sans limitation.

« Les assemblées qui ont à délibérer sur les modifications touchant à l'objet ou à la forme de la société ne sont régulièrement constituées et ne délibèrent valablement qu'autant qu'elles sont composées d'un nombre d'actionnaires représentant les trois quarts au moins du capital social. Les résolutions, pour être valables, doivent réunir les deux tiers au moins des voix des actionnaires présents ou représentés.

« Dans tous les cas autres que ceux prévus par le précédent paragraphe, si une première assemblée ne remplit pas les conditions ci-dessus fixées, une nouvelle assemblée peut être convoquée dans les formes statutaires et par deux insertions, à quinze jours d'intervalle, dans le Bulletin annexe du *Journal officiel* et dans un journal d'annonces légales du lieu où la société est établie. Cette convocation reproduit l'ordre du jour en indiquant la date et le résultat de la précédente assemblée. La seconde assemblée délibère valablement si elle se compose d'un nombre d'actionnaires représentant la moitié au moins du capital social. Si cette seconde assemblée ne réunit pas la moitié du capital, il peut être convoqué, dans les formes ci-dessus, une troisième assemblée qui délibère valablement, si elle se compose d'un nombre d'actionnaires représentant le tiers du capital social. Dans toutes ces assemblées, les résolutions, pour être valables, devront réunir les deux tiers des voix des actionnaires présents ou représentés. »

Art. 2. — Le dernier paragraphe de l'article 34 du code de commerce est ainsi modifié :

« Cette assemblée spéciale, pour délibérer valablement, doit réunir au moins la portion du capital que représentent les actions dont il s'agit, déterminée par les paragraphes 2, 3 et 4 de l'article 31 de la loi du 24 juillet 1867. »

« Art. 3. — Le paragraphe 1er de l'article 27 de la loi du 24 juillet 1867, modifié par l'article 4 de la loi du 1er août 1893, est ainsi complété:

« Cette disposition est applicable même aux sociétés constituées avant le 1er août 1893. »

« Art. 4. — Les dispositions de l'article 31, paragraphe 4, de la loi du 24 juillet 1867 et de l'article 34 du code de commerce modifiées par la présente loi s'appliquent aux sociétés déjà constituées sous l'empire de la loi du 24 juillet 1867. »

La présente loi, délibérée et adoptée par le Sénat et par la Chambre des députés, sera exécutée comme loi de l'Etat.

Fait à Paris, le 22 novembre 1913.

R. POINCARÉ.

Par le Président de la République :

Le garde des sceaux, Ministre de la justice,

ANTONY RATIER.

Le Ministre du commerce, de l'industrie, des postes et des télégraphes,

A. MASSÉ.

§ 1. — Historique.

Le texte reproduit ci-dessus a été emprunté, mot pour mot, au projet élaboré par la Commission extra-parlementaire instituée le 21 juin 1902, par M. le Garde des Sceaux Vallé, Commission présidée par M. Lyon-Caen, Membre de l'Institut, et dont M. Rodolphe Rousseau était le rapporteur. Voici comment le Rapport de la Commission de 1902, justifiait la modification de l'article 31 de la loi du 24 juillet 1867 :

Personne ne peut prévoir, à l'époque de la fondation, quelles modifications l'expérience, la marche des affaires sociales, les évolutions économiques ou financières pourront nécessiter dans les statuts. La durée des sociétés de capitaux est toujours statutairement longue. Aussi l'immutabilité du pacte social, bien qu'il soit possible de la stipuler, est-elle en pratique, difficile à concevoir.

La rigueur des principes exigerait qu'on ne pût modifier

l'acte de société sans le consentement unanime des actionnaires, car les choses sur lesquelles on les appelle à se prononcer sont de celles qui, n'ayant pas été expressément prévues à l'origine, constituent un objet nouveau de convention. Mais cette rigueur eût abouti à une impossibilité et elle doit fléchir sous la nécessité. Aussi, le législateur de 1867 a-t-il admis que les statuts pourraient être modifiés par une Assemblée générale représentant la moitié au moins du capital social.

Cette disposition, par son laconisme, a donné naissance à de graves difficultés. La loi ne définit pas, en effet, les modifications autorisées. La jurisprudence a dû créer, non sans hésitations, tout un système d'interprétation.

Et d'abord, l'Assemblée générale peut-elle modifier les statuts lorsque le pacte social ne le prévoit pas ? Les arrêts les plus récents se prononcent pour l'affirmative, mais il limitent le pouvoir des assemblées. Les modifications ne sont valables qu'autant qu'elles ne portent pas atteinte aux bases essentielles de la Société.

Que doit-on entendre par cette formule ? La jurisprudence est profondément divisée.

Il est inutile d'entrer dans des détails que chacun connaît. Il suffit d'affirmer qu'il résulte de ces multiples difficultés un trouble profond pour le développement des sociétés.

Combien de sociétés ont dû se dissoudre faute de pouvoir réunir la moitié du capital pour modifier les statuts, faute de pouvoir toucher à une répartition de bénéfices, changer l'objet social, l'étendre ou le restreindre.

Une modification de statuts est sans contredit préférable à une dissolution. La volonté irréfléchie ou calculée d'un seul actionnaire ne peut raisonnablement entraver la réalisation de combinaisons que désirent une importante majorité.

Il est donc utile en principe d'autoriser les modifications aux statuts aussi largement que possible, mais bien entendu, à cette première condition, que la convention des parties ne l'interdise pas. Si la volonté des contractants de ne jamais modifier les statuts est formulée dans l'acte de société, cette convention doit être respectée. Si les statuts sont muets, les modifications sont possibles.

La liberté qui vient d'être reconnue comporte cependant quelque tempérament.

Les assemblées générales, disons-nous, auront compétence (sauf stipulation contraire de l'acte de société) pour modifier toutes les dispositions des statuts; elles pourront même changer l'objet social, la répartition des bénéfices, mais sans porter aucune atteinte à la nationalité de la société. Il serait inique qu'une assemblée pût imposer à des actionnaires d'une société française les dispositions d'une loi étrangère. Il est aussi de la plus souveraine justice que les modifications n'aggravent en rien les engagements des actionnaires. C'est là une vérité qui n'a pas besoin de démonstration, Le texte prévoit ces deux restrictions.

Ces solutions n'ont pas été admises sans une longue et vive discussion. D'excellents esprits estiment que l'objet de la société est une telle cause déterminante de l'adhésion de l'actionnaire qu'il est impossible d'admettre qu'il y soit touché sans le consentement unanime des associés. On peut se montrer très large, très libéral, pour toutes les autres modifications de statuts, et en même temps opposé au droit de changer l'objet social. Il n'y a pas là de contradiction. Il n'est pas possible d'imposer à un actionnaire qui a donné son adhésion à la constitution d'une société de transports fluviaux de devenir actionnaire d'une épicerie. Cependant la Commission ne s'est pas laissé décider par ce raisonnement ; elle a estimé que le correctif à toutes les exagérations se trouverait dans l'importance du quorum exigé pour la modification de l'objet social.

La liberté de modification doit, en effet, subir d'autres conditions importantes et dictées par le respect du droit de la minorité des actionnaires. Il est donc sage d'admettre en principe que les modifications ne pourront être votées que par des assemblées composées d'une fraction importante du capital social, et par un nombre de voix également élevé.

La commission a estimé qu'il était logique pour la détermination du quorum de distinguer entre les différentes modifications soumises au vote. Il en est de plus graves les unes que les autres, ce qui exclue l'uniformité de la règle. Telles sont les modifications relatives à l'objet social et à la forme de la société. Il faut entourer ces changements de garanties particulières. A cette seule condition se trouve légitimée l'atteinte à l'immutabilité des conventions sans le consentement de tous les contractants. Ces garanties doivent consister dans l'importance du capital représenté et le nombre de voix exigées, 3/4 du capital 2/3 des voix. — Ce quorum est absolu. Il devra toujours être respecté. L'acte de société ne pourra contenir aucune disposition contraire. Il sera licite de convoquer plusieurs assemblées dans le but visé. Mais aucune ne délibérera valablement si elle ne réunit pas les conditions prescrites.

Le même quorum est exigé pour la première réunion des assemblées appelées à délibérer sur toutes autre modifications. Mais, à la différence de ce qui est prescrit pour les assemblées délibérant sur l'objet et la forme, le quorum sera baissé pour la validité des assemblées qui pourront être convoquées ultérieurement, dans le même but que la première restée sans résultat. Ces convocations nouvelles seront entourées d'une large publicité. L'ordre du jour sera reproduit. Les actionnaires seront avertis de la gravité des mesures proposées, et si, ainsi prévenus et sollicités, ils s'abstiennent de venir à l'assemblée, ils n'auront aucune plainte légitime à formuler.

Les actionnaires sont encore protégés par les mesures qui suivent :

Aux termes de l'article 37 de la loi de 1867, les assemblées qui ont à délibérer sur les propositions de dissolution pour perte des 3/4 du capital social seront ouvertes à tous les actionnaires, quelque soit le nombre de leurs actions. La commission a pensé qu'il fallait adopter la même règle pour toutes les assemblées qui ont à délibérer sur des modifications aux statuts. On ne saurait en cette matière se montrer trop libéral, trop respectueux des droits des petits actionnaires. On appellera donc aux assemblées extraordinaires tous les actionnaires, quel que soit le nombre de leurs titres, et cela nonobstant toute clause contraire des statuts.

Les petits actionnaires comme les gros pourront développer leurs idées et combattre, s'ils le jugent utile, les propositions faites.

La nature des délibérations à prendre commandait également

l'extension du droit de vote. Chacun votera suivant son intérêt dans la société: chaque action donnera droit à une voix sans limitation. C'est l'application la plus sage du principe qui domine toutes les sociétés de capitaux, c'est-à-dire la loi de la majorité.

Il a été dit déjà dans ce rapport que les mesures adoptées présentaient pour les sociétés existantes un intérêt tellement considérable qu'il était utile que le législateur, usant de son droit, rendit les dispositions nouvelles rétroactives. C'est déjà ce qui a été décidé pour le droit de groupement, pour les actions de priorité. Il faut décider de même en ce qui concerne les Assemblées générales qui ont à délibérer sur des modifications aux statuts. Mais il convient de ne pas étendre la rétroactivité au paragraphe relatif au changement d'objet et forme ; ces modifications revêtent en effet un caractère trop grave pour les autoriser rétroactivement.

Le projet de loi déposé par M. le Garde des Sceaux Vallé a été rapporté en 1906 par M. Chastenet. Il fut repris dans les législatures successives, mais ne vint pas en discussion. Dès la fin de 1912, à la suite de décisions judiciaires qui, de l'avis de beaucoup de jurisconsultes, méconnaissaient le sens et la portée de la loi du 16 novembre 1903 sur les actions de priorité et sur les droits des assemblées de modifier les statuts, un mouvement d'opinion se dessina pour obtenir rapidement du Parlement une modification à l'article 31 de la loi de 1867. On trouvera à cet égard dans la *Gazette des Sociétés*, une dissertation de M. André Defert (Année 1912, p. 243 et 271), et dans la *Gazette des Sociétés* de 1913 (p. 103), une dissertation de M. le professeur Percerou, critiquant un jugement du Tribunal de commerce de la Seine.

Le 15 juin 1913, le Rédacteur en chef de la *Gazette*

des Sociétés adressa à M. Guillaume Chastenet, une lettre ouverte (V. *Gazette* du 15 juin 1913) le priant de multiplier ses efforts pour obtenir le vote de la loi relative aux pouvoirs des assemblées d'actionnaires.

La *Gazette des Sociétés* du 1er juillet 1913 publia une lettre de M. le professeur Thaller à M. Rodolphe Rousseau, lettre dans laquelle l'éminent professeur donnait son adhésion au principe même de la modification, telle qu'elle avait été préparée par la Commission de 1902. C'est alors que M. Chastenet obtint du Sénat d'abord, et de la Chambre des députés ensuite, le vote du nouvel article 31 tel qu'il est reproduit plus haut. Voici le texte de l'exposé des motifs au Sénat :

Le développement toujours croissant des sociétés anonymes, à la forme desquelles s'adaptent de plus en plus les activités diverses et les divers éléments de la richesse publique, fait ressortir toute l'importance des règles qui les régissent et qui dominent leurs statuts.

C'est ce qui explique que les principales nations des deux continents se soient trouvées d'accord pour faire porter, en ces dernières années, leur principal effort législatif sur la réglementation des sociétés anonymes et se soient appliquées d'une façon spéciale à en améliorer le régime.

Depuis longtemps, en France, les hommes les plus qualifiés: économistes, financiers, industriels ou jurisconsultes, réclament la mise au point de notre législation sur les sociétés, en signalant les progrès déjà accomplis à cet égard en Allemagne, en Angleterre, en Belgique et en d'autres pays encore.

Des projets d'ensemble ont été déposés au Sénat et à la Chambre des députés.

Le plus important de ces projets a été préparé par une Commission extra-parlementaire, nommée en 1902 par M. Vallé, garde des sceaux, dans laquelle il avait réuni des hommes, dont les travaux et la situation étaient une garantie de compétence.

Ce projet, déposé à la Chambre, a été rapporté en 1906, par la Commission de la réforme judiciaire de la Chambre des députés. Il a été repris dans les législatures successives, mais il n'a jamais pu venir à l'ordre du jour pour une discussion utile, tant les projets qui comportent une codification de quelque étendue éprouvent, avec la méthode parlementaire adoptée, de difficultés à cet égard.

Quelques articles seulement en ont été distraits, au fur et à mesure des nécessités les plus urgentes que soulevait la pratique, et ont été votés, soit à l'occasion de la loi de finances, soit sans discussion à un début de séance.

C'est ainsi que, dans sa séance du 30 mars 1912, la Chambre a adopté un projet de loi ayant pour objet de compléter l'article 27, paragraphe premier, de la loi du 24 juillet 1867, déjà modifié par la loi du 1er août 1893, en décidant que la faculté de groupement, autorisée par cette loi, serait applicable même aux sociétés constituées avant le 1er août 1893.

Cete proposition, d'après l'exposé des motifs, a surtout pour but de faciliter le quorum à obtenir dans les assemblées générales pour les modifications à apporter aux statuts.

En l'appuyant dans son rapport à la Chambre des députés, M. Roblin fait excellemment remarquer que « ce n'est point par des textes isolés, hâtifs et incomplets, qu'on peut réparer utilement et sérieusement la contexture désuète de nos lois, qui craque de tous côtés, sous la poussée moderne des idées nouvelles, des nécessités sociales et du progrès commercial. »

Il considère avec raison que, dans le projet, il s'agit simplement d'un point de détail, mais il ajoute : que, pressée par l'urgence et par la nécessité que son vote présente, la Commission n'a pu se refuser à l'examiner et à le rapporter.

Toutefois, puisque ce point de détail touche à la question de la composition des assemblées générales pour la modification des statuts, pourquoi cette question ne serait-elle pas examinée et tranchée dans son ensemble ?

Elle a été suffisamment étudiée pour qu'il semble possible de la trancher en un seul article.

Il n'y aurait qu'à reprendre le texte proposé par le Gouvernement et rapporté favorablement par la Commission de la réforme judiciaire de la Chambre des députés.

Ce texte donnerait satisfaction, dans la plus large mesure, aux besoins signalés.

Rien n'empêcherait, d'ailleurs, que l'on y ajoute un autre article indiquant que la faculté de groupement, établie par la loi de 1893, s'appliquera aux sociétés préexistantes à ladite loi.

En conséquence, nous avons l'honneur de vous proposer le vote de deux articles, ainsi conçus.

§ 2. — Commentaire.

Le premier point à préciser est celui de savoir à quelles sociétés s'applique le nouveau texte, tout au moins dans les paragraphes 1, 2, 3 et 4. Il est certain que ce nouvel article 31 ne peut s'appliquer qu'aux sociétés anonymes ; il ne vise pas les commandites par actions, l'article 31 de la loi de 1867 étant placé au titre des sociétés anonymes et ne régissant que ces sociétés. Il est superflu d'ajouter qu'il ne pouvait en être autrement, puisque dans les sociétés en commandite, la gérance est responsable indéfiniment, et que les modifications statutaires ne peuvent intervenir qu'avec son assentiment. Cependant, nous verrons, dans un instant, que les commandites par actions sont visées indirectement par la nouvelle loi, pour la tenue des assemblées spéciales. Nous nous en expliquerons en parlant de l'article 34 du Code de commerce.

Aux termes de la nouvelle loi (le texte est très net et très précis), les statuts peuvent être modifiés, à moins d'interdiction formelle du pacte social originaire, *dans toutes leurs dispositions*. La loi ne fait de restriction que pour la nationalité de la Société ou pour interdire d'augmenter les engagements des actionnaires. Donc, toutes dispositions statutaires sont autorisées, et la nouvelle loi fait disparaître les divergences de la jurisprudence sur les dispositions *essentielles* du pacte social que les assemblées générales ne pouvaient modifier à la majorité. Toute cette jurisprudence devient caduque. Spécialement, notons que les dispositions statutaires touchant à la répartition des bénéfices peuvent être modifiées par l'assemblée générale délibérant aux conditions de quorum et de majorité que nous allons rappeler. Aucun doute ne peut subsister sur ce point. Et c'est un point qui intéresse beaucoup de sociétés.

§ 3. — **Quorum et majorité.**

La loi établit une distinction entre les diverses modifications soumises aux assemblées générales. Il en est que le législateur n'autorise qu'à la condition que les assemblées délibèrent avec un nombre d'actionnaires représentant les trois quarts au moins du capital social, et à condition également que les résolutions réunissent les deux tiers au moins des voix des actionnaires présents ou représentés. Ce sont les modifications touchant à *l'objet* et à *la forme* de la Société. Ces modifications, d'une nature particulièrement graves, ne pourront jamais être adoptées qu'avec les conditions de quorum et de majorité précisées. Mais pour toutes les autres modifications, le législateur établit une échelle descendante de quorums.

Si la première assemblée générale ne réunit pas les trois quarts du capital social, on peut convoquer, dans les conditions indiquées, une nouvelle assemblée qui, celle-là, délibérera avec la moitié du capital social.

Si cette seconde assemblée ne réunit pas la moitié du capital social, on pourra en convoquer une troisième qui délibérera avec le tiers du capital. Mais dans toutes ces assemblées, les résolutions, pour être valables, devront réunir les deux tiers des voix des actionnaires présents ou représentés.

La loi, s'inspirant des considérations développées dans le rapport de la Commission de 1902, décide que « nonobstant toute clause contraire de l'acte de société » dans les assemblées générales qui ont à délibérer sur des modifications aux statuts, tout actionnaire, quel que soit le nombre des actions dont il est porteur, peut prendre part aux délibérations avec un nombre de voix égal aux actions qu'il possède, sans limitation. Cette disposition est impérative, et la formule employée par le législateur : « nonobstant toute clause contraire de l'acte de société » indique que cette disposition participe de celles d'ordre public, et ne peut être éludée par aucune convention.

§ 4. — **Article 34 du Code de commerce.**

On sait comment la loi du 16 novembre 1903 a modifié l'article 34 du Code de commerce. Voici le texte :

Le capital social des sociétés par actions se divise en actions et même en coupons d'actions d'une valeur nominale égale. Toute société par actions peut, par délibération de l'assemblé générale constituée dans les conditions prévues par l'art. 31 de la loi du 24 juillet 1867, créer des actions de priorité, jouissant de certains avantages sur les autres actions ou conférant des droits d'antériorité, soit sur les bénéfices, soit sur l'actif social, soit sur les deux, si les statuts n'interdisent point, par une prohibition directe et expresse, la création d'actions de cette nature. Sauf dispositions contraires des statuts, les actions de priorité et les autres actions ont, dans les assemblées, un droit de vote égal. Dans le cas où une décision de l'assemblée générale comporterait une modification dans les droits attachés à une catégorie d'actions, cette décision ne sera définitive qu'après avoir été ratifiée par une assemblée spéciale des actionnaires de la catégorie visée. Cette assemblée spéciale, pour délibérer valablement, doit réunir au moins la moitié du capital représenté par les actions dont il s'agit, à moins que les statuts ne prescrivent un minimum plus élevé.

Ce texte, sans aucun doute, s'applique aussi bien aux sociétés anonymes qu'aux sociétés en commandite par actions. L'ancien article 34 du Code de commerce visait uniquement les Sociétés anonymes ; le nouvel article 34, modifié par la loi du 16 novembre 1903, par l'expression générale : « Sociétés par actions », s'applique aux sociétés anonymes comme aux sociétés en commandite par actions. Or, il faut remarquer que l'article 2 de la loi du 22 novembre 1913 modifie dans les termes suivants l'article 34 du Code de commerce :

Art. 2. — Le dernier paragraphe de l'article 34 du code de commerce est ainsi modifié :

« Cette assemblée spéciale, pour délibérer valablement, doit réunir au moins la portion du capital que représentent les actions dont il s'agit, déterminée par les paragraphes 2, 3 et 4, de l'article 31 de la loi du 24 juillet 1867. »

Il résulte de ce texte que l'assemblée spéciale appelée à délibérer dans les termes de la loi du 16 novembre 1903, doit être composée en observant toutes les dispositions de quorum et de votation de l'article 1er de la loi du 22 novembre 1913.

Donc, les sociétés en commandite par actions délibérant en vertu de la loi du 16 novembre 1903, sont obligées, quant au quorum et à la votation, d'obéir à la loi nouvelle, et c'est pour cela que nous avons dit plus haut que la loi du 22 novembre 1913, tout en ne s'appliquant, en principe, qu'aux sociétés anonymes, visait néanmoins, dans une disposition spéciale, les sociétés en commandite par actions.

§ 5. — L'article 27.

L'article 27 de la loi du 24 juillet 1867 modifié par l'article 4 de la loi du 1er août 1893, autorise les petits actionnaires à se faire représenter dans les assemblées générales par *l'un d'eux.*

La Commission de 1902 avait proposé de modifier cet article et d'accorder le droit aux petits actionnaires de se faire représenter, non pas seulement par l'un d'eux, mais aussi par un actionnaire ayant le droit d'assister à l'assemblée générale. Cette modification n'a pas encore été adoptée ; mais depuis la loi du 1er août 1893, une question avait surgi : celle de savoir si cette disposition législative s'appliquait aux sociétés constituées *avant* le 1er août 1893. On était en grand désaccord sur ce point. Les difficultés disparaissent par le nouveau texte.

§ 6. — **Rétroactivité.**

L'article 4 de la loi du 22 novembre 1913 porte que la loi nouvelle s'appliquera *aux sociétés déjà constituées sous l'empire de la loi du 24 juillet* 1867.

La disposition est très nette et très précise. La Commission de 1902 avait décidé dans le même sens.

Cette rétroactivité fait naître immédiatement une question délicate : comment les sociétés qui ont convoqué les actionnaires en assemblée générale avant le 22 novembre pour une date postérieure à celle du 22 novembre, comment, disons-nous, ces sociétés doivent-elles tenir leurs assemblées ? Ont-elles un droit acquis résultant de ce que leurs assemblées ont été *convoquées* sous l'empire de la loi ancienne ? Peuvent-elles, invoquant ce texte de la loi abrogée, tenir, après la promulgation de la loi nouvelle, leurs assemblées générales ? Nous ne le pensons pas.

Quels que soient les embarras créés aux sociétés par cette situation transitoire, il est impossible, suivant nous, de ne pas considérer qu'à partir de l'entrée en vigueur de la loi du 22 novembre 1913, c'est cette loi seule qui réglemente la tenue des assemblées générales et leurs pouvoirs.

Autre chose est la convocation, autre chose est la réunion de l'assemblée. Toute assemblée réunie après le 23 novembre, même en vertu de convocations antérieures au 22 novembre, ne peut délibérer qu'en conformité de la loi nouvelle. Il peut y avoir lieu d'annuler les convocations, de les renouveler, mais il est impossible de ne pas tenir compte pour la tenue des assemblées des dispositions nouvelles.

§ 7. — **Délai de convocation.**

Le § 4 de la loi du 22 novembre 1913 organise un système de convocation dans le *Bulletin-Annexe du Journal officiel.* Ce texte, comme nous l'avons dit plus haut, a été emprunté, mot pour mot, à celui de la Commission de 1902. Mais on n'a pas pris garde que l'expression *Bulletin-Annexe du Journal officiel,* très exacte d'après l'organisation du système de publicité de la Commission de 1902 et la loi du 10 janvier 1907 (loi qui a emprunté ses dispositions au projet de 1902), n'est plus bonne aujourd'hui. Le *Bulletin-Annexe du Journal officiel* a été remplacé par le *Bulletin des Annonces légales obligatoires à la charge des sociétés financières,* organisé par le décret du 3 février 1912.

Mais aucune difficulté ne pourra naître de ce chef et, si inexacte que soit la dénomination de l'organe auquel se réfère le § 4, ce que le législateur de 1913 a voulu viser, c'est bien le *Bulletin* tel qu'il est organisé actuellement.

Cela ne supprime pas toute difficulté. En effet, le législateur dit que les actionnaires pourront être convoqués en seconde assemblée par deux insertions à quinze jours d'intervalle dans le *Bulletin-Annexe*. Est-ce quinze jours francs ? La même expression figure dans le projet de 1902, mais à cette date, le *Bulletin-Annexe du Journal officiel*, aujourd'hui *Bulletin des Annonces légales*, etc., n'était pas organisé comme il l'a été par le décret du 27 février 1907, et il n'entrait dans l'esprit d'aucun des commissaires de 1902, que le *Journal officiel* ne paraîtrait pour les sociétés, qu'une fois par semaine, le lundi, et que les annonces devraient être remises à ce journal au plus tard le mercredi.

Le *Bulletin des Annonces légales* devrait paraître tous les jours, et les annonces devraient y être admises tous les jours. Si une modification à l'état actuel des choses n'intervient à bref délai, il en résultera de gros préjudices pour les sociétés, car ce n'est pas quinze jours que demanderont les formalités de publication de la loi de 1913 avec les exigences du *Journal officiel*, mais bien trois semaines. En d'autres termes, d'un lundi au deuxième lundi suivant, il n'y aura pas quinze jours.

Espérons voir à brève échéance les modifications à ce déplorable service, modifications réclamées depuis si longtemps et si faciles à réaliser ! En même temps, espérons voir baisser le coût de ces insertions qui ne rapportent de l'argent qu'au fermier des annonces.

Paris. — Typ. A. Davy, 52, rue Madame. Tél. *Saxe 04-19.*

www.ingramcontent.com/pod-product-compliance
Ingram Content Group UK Ltd.
Pitfield, Milton Keynes, MK11 3LW, UK
UKHW032038260826
14628UKWH00007B/3039

9 782014 113327